Greetings from
BOISE
IDAHO

Greetings from
BOISE
IDAHO

Greetings from
BOISE
IDAHO

Greetings from
BOISE
IDAHO

Greetings from
BOISE
IDAHO

Greetings from
BOISE
IDAHO

Greetings from
BOISE
IDAHO

Greetings from
BOISE
IDAHO

Greetings from
BOISE
IDAHO

Greetings from
BOISE
IDAHO

Greetings from
BOISE
IDAHO

Greetings from
BOISE
IDAHO

Greetings from
BOISE
IDAHO

Greetings from
BOISE
IDAHO

Greetings from
BOISE
IDAHO

Greetings from
BOISE
IDAHO

Greetings from
BOISE
IDAHO

Greetings from
BOISE
IDAHO

Greetings from
BOISE
IDAHO

Greetings from
BOISE
IDAHO

Greetings from
BOISE
IDAHO

Greetings from
BOISE
IDAHO

Greetings from
BOISE
IDAHO

Greetings from
BOISE
IDAHO

Greetings from
BOISE
IDAHO

Greetings from
BOISE
IDAHO

Greetings from
BOISE
IDAHO

Greetings from
BOISE
IDAHO

Greetings from
BOISE
IDAHO

Greetings from
BOISE
IDAHO

Greetings from
BOISE
IDAHO

Greetings from
BOISE
IDAHO

Greetings from
BOISE
IDAHO

Greetings from
BOISE
IDAHO

Greetings from
BOISE
IDAHO

Greetings from
BOISE
IDAHO

Greetings from
BOISE
IDAHO

Greetings from
BOISE
IDAHO

Greetings from
BOISE
IDAHO

Greetings from
BOISE
IDAHO

Greetings from
BOISE
IDAHO

Greetings from
BOISE
IDAHO

Greetings from
BOISE
IDAHO

Greetings from
BOISE
IDAHO

Greetings from
BOISE
IDAHO

Greetings from
BOISE
IDAHO

Greetings from
BOISE
IDAHO

Greetings from
BOISE
IDAHO

Greetings from
BOISE
IDAHO

Greetings from
BOISE
IDAHO

Greetings from
BOISE
IDAHO

Greetings from
BOISE
IDAHO

Greetings from
BOISE
IDAHO

Greetings from
BOISE
IDAHO

Greetings from
BOISE
IDAHO

Greetings from
BOISE
IDAHO

Greetings from
BOISE
IDAHO

Greetings from
BOISE
IDAHO

Greetings from
BOISE
IDAHO

Greetings from
BOISE
IDAHO

Greetings from
BOISE
IDAHO

Greetings from
BOISE
IDAHO

Greetings from
BOISE
IDAHO

Greetings from
BOISE
IDAHO

Greetings from
BOISE
IDAHO

Greetings from
BOISE
IDAHO

Greetings from
BOISE
IDAHO

Greetings from
BOISE
IDAHO

Greetings from
BOISE
IDAHO

Greetings from
BOISE
IDAHO

Greetings from
BOISE
IDAHO

Greetings from
BOISE
IDAHO

Greetings from
BOISE
IDAHO

Greetings from
BOISE
IDAHO

Greetings from
BOISE
IDAHO

Printed in the USA
CPSIA information can be obtained
at www.ICGtesting.com
LVHW040219190524
780684LV00017B/56

9 798385 413836